Daniel Kehne

Klassische und agile Vorgehensmodelle in IT-Projekten. Das Wasserfallmodell und Scrum

GRIN Verlag

Bibliografische Information der Deutschen Nationalbibliothek:

Die Deutsche Bibliothek verzeichnet diese Publikation in der Deutschen National-
bibliografie; detaillierte bibliografische Daten sind im Internet über http://dnb.d-
nb.de/ abrufbar.

Impressum:

Copyright © 2012 GRIN Verlag GmbH
Druck und Bindung: Books on Demand GmbH, Norderstedt Germany
ISBN: 978-3-656-57104-9

Dieses Buch bei GRIN:

http://www.grin.com/de/e-book/266692/klassische-und-agile-vorgehensmodelle-in-
it-projekten-das-wasserfallmodell

GRIN - Your knowledge has value

Der GRIN Verlag publiziert seit 1998 wissenschaftliche Arbeiten von Studenten, Hochschullehrern und anderen Akademikern als eBook und gedrucktes Buch. Die Verlagswebsite www.grin.com ist die ideale Plattform zur Veröffentlichung von Hausarbeiten, Abschlussarbeiten, wissenschaftlichen Aufsätzen, Dissertationen und Fachbüchern.

Besuchen Sie uns im Internet:

http://www.grin.com/

http://www.facebook.com/grincom

http://www.twitter.com/grin_com

Seminararbeit im Wahlpflichtfach **Projektmanagement**

Klassische und agile Vorgehensmodelle in IT-Projekten

Das Wasserfallmodell und Scrum

Autor: Daniel Kehne, 2012

Inhaltsverzeichnis

Abkürzungsverzeichnis

IT   Informationstechnik

DIN   Deutsches Institut für Normung e.V.

I.   Einleitung

Werte kann man nur durch Veränderung bewahren.
— Richard Löwenherz

Die IT-Branche wandelt sich stetig. Waren es früher noch lokale Softwareentwicklungsaufga-
ben vor einem Kommandozeileninterpreter, so hat der technische und menschliche Wandel da-
für gesorgt, dass alles größer, komplexer und anspruchsvoller wird. Alles wird zu einem Projekt.

A.   Umfeld der Arbeit

Als dualer Student mit den Fachrichtungen Wirtschaft und Informatik versucht man kontinu-
ierlich Schnittstellen zwischen beiden Naturwissenschaften zu finden und sich in diesen im
praktischen Einsatz beim Unternehmen zu positionieren und zu etablieren. Das IT-Projektma-
nagement, in welches sich diese Seminararbeit thematisch einordnen lässt, schlägt eine solche
Brücke zwischen beiden Studienrichtungen.

Mit dieser Seminararbeit auf rein theoretischer Grundlage wird mein Wissen um einen weiteren
Baustein ergänzt.

B.   Ziel der Arbeit

Agile Organisationsmodelle sind modern und viel flexiblerer sagen die einen, die anderen
schwören auf die Zuverlässigkeit des Altbewährten[1]. Sind agile Modelle so viel besser als die
klassischen Modelle? Wo liegen die Vor- und Nachteile auf beiden Seiten?

Diese Seminararbeit soll grundlegend das Wasserfallmodell als Vertreter der klassischen Modelle und Scrum als Vertreter agiler Modelle vorstellen. Beide Projektmodelle sind mir in mei-
ner Berufslaufbahn schon begegnet, was dazu führte genügend Motivation zum Schreiben einer
Facharbeit zu dieser Thematik zu schüren.

---

[1] Vgl. Dechko (2010), S.28-29

Gleichzeitig soll aber auch einen theoretischen Vergleich der beiden primären Vertreter zeigen, ob sich die Fragestellung im ersten Paragraphen beantworten lässt. Dies soll in einem für eine Seminararbeit angemessenen Umfang erfolgen.

C. Aufbau der Arbeit

Strukturell beginnt die Arbeit in Kapitel I mit der hier niedergeschriebenen Einleitung. Die Definition von IT-Projekten bildet das Fundament für die inhaltlichen Bezüge und wird in Kapitel II thematisiert. Anschließend werden in Kapitel III allgemeine Grundzüge der klassischen Vorgehensmodelle und beispielhaft das Wasserfallmodell in angemessenem Rahmen mit Merkmalen, Vor- und Nachteilen, sowie einer autarken Bewertung genannt.

Im darauffolgenden Kapitel IV werden äquivalent zu Kapitel III die Charakteristiken agiler Modelle herausgestellt, ehe Scrum mit seinen Komponenten (Rollen, Meetings, Artefakten), den Kapitelabschluss bildet.

Die Seminararbeit wird in Kapitel V mit einer gegenüberstellenden Bewertung des Wasserfallmodells und Scrum fortgeführt. Dieser Teil bildet mit dem Fazit den Abschluss der Arbeit.

II. Das IT-Projekt

Ein IT-Projekt ist eine Form von Projekt, welches einen informationstechnischen Zielbezug hat. Alle Aussagen zu Projekten gelten auch für IT-Projekte. [2]

Ein Projekt definiert sich als ein komplexes, einmaliges und zeitlich begrenztes Vorhaben, welches sich eindeutig von anderen Projekten abgrenzen lässt. [3]

---

[2] Vgl. R. Koschke (2006), S.6

[3] Vgl. A. Beiderwieden, E. Pürling (2007), S. 7.

Ein solches Projekt benötigt neben einem klaren Ziel auch Personal und Budget. Die größte Herausforderung innerhalb eines Projektes stellt dabei die Kommunikation dar, da meist verschiedene Fachgruppen am Projekt beteiligt sind.[4]

Die DIN 69901 beschreibt ein Projekt zusätzlich als ein in sich geschlossenes Vorhaben mit eigenem Projektergebnis und eigener Projektorganisation.

Die Projektorganisation beschreibt dabei den organisatorischen Rahmen eines Projekts und ist einer der wichtigsten Erfolgsfaktoren für Projekte. Positionen und Gremien müssen für jedes Projekt erneut auserwählt werden, Personen und Materialien müssen dem Projekt Kapazitäten zuschreiben. Je umfangreicher das Projekt, desto komplexer die Projektorganisation.[5]

Je nach Projektorganisation unterscheiden sich die Phasen, die einem Projekt zugrunde liegen. Das klassische Vierphasenmodell aus Projektdefinitionsphase, Projektplanungsphase, Projektdurchführungsphase und Projektabschlussphase ist ein grundsätzliches Schema, das sich auf fast jedes Projekt anwenden lässt. Aus diesem Phasenmodell heraus, haben sich je nach Zweckmäßigkeit und Branche weitere Vorgehensmodelle entwickelt, die sich grundlegend in klassische und agile Prozessmodelle untergliedern lassen.[6]

III.   Klassische Vorgehensmodelle

Die klassischen Vorgehensmodelle im weiteren Sinne lassen sich in voraussagende und iterative Vorgehensmodelle unterteilen. Iterative Modelle werden chronologisch als Entwicklung der voraussagenden (oder auch klassischen Modelle im engeren Sinne) beschrieben.

---

[4] Vgl. Hindel, Hörmann, Müller, Schmied (2004), S. 7.

[5] Vgl. F.Weltz, R. Ortmann (1992), S. 49

[6] Vgl. A. Beiderwieden, E. Pürling (2007), S. 12-20

Voraussagende Modelle zeichnen sich durch einen sequentiellen Ablauf aus. Der komplette Durchlauf einer Phase ist Voraussetzung für den Beginn der nächsten Phase. Das Zurück-springen in eine vorherige Phase ist dabei nicht möglich Die Kommunikation mit dem Kunden findet jeweils nur am Anfang und Ende der Entwicklung statt. [7]

---

[7] Vgl. Horn (2003), S. 312-313

Bei iterativen Modellen, wie z.B. dem Spiralmodell, ist das oberste Ziel die Risikominimierung durch periodische Überprüfung der Zwischenergebnisse. Die zugrundeliegenden Phasen werden wiederkehrend durchlaufen und ermöglichen damit ein frühzeitiges Korrigieren von Fehlern und eine bessere Absprache mit dem Kunden. Nachteilig ist jedoch der erhöhte Managementaufwand, der durch die Anpassungsmaßnahmen und die ständigen Kontrolle während den Iterationen entsteht.[8]

Im Folgenden wird beispielhaft auf das Wasserfallmodell als Vertreter klassischer sequentieller Vorgehensmodelle eingegangen.

A.   Das Wasserfallmodell

1. Grundlegendes

Das Wasserfallmodell gilt als das erste systematische Vorgehensmodell (für Softwareentwicklungsprozesse) und verbreitete sich ab den 60er Jahren. Es gilt als das bekannteste (voraussagende) Vorgehensmodell. Für die damaligen kleineren Projekte die in der Forschung und Entwicklung existierten war es bestens geeignet.

2. Die Phasen

Das Wasserfallmodell nach Barry Boehm setzt sich aus den fünf Phasen Anforderungsdefinition, System-/Softwareentwurf, Implementierung/Komponententest, Integration/Systemtest und Betrieb/Wartung zusammen. [9] Im Gegensatz zur allgemeinen Definition der voraussagenden Vorgehensmodelle ist das Zurückspringen in eine vorherige Phase für Korrekturzwecke beim Wasserfallmodell prinzipiell möglich.[10]

---

[8] Vgl. Buhl (2004), S. 15

[9] Vgl. Buhl (2004), S. 13-14

[10] Vgl. A. Beiderwieden, E. Pürling (2007), S. 15.

3. Vor- und Nachteile

Die Vorteile des Wasserfallmodells liegen in der einfachen Verständlichkeit und darin, dass Abläufe durch die zugrundeliegenden Dokumentationen und Meilensteine sehr gut nachverfolgt werden können. Organisatorisch ist es ein adäquater Aufwand, der wenig Management erfordert.

Auf der anderen Seite birgt der stark dokumentenorientierte Ablauf das Risiko, dass die eigentliche Entwicklung aus dem Vordergrund rückt. Gleichzeitig ist aber auch die klare Abgrenzung der Phasen ein Negativpunkt, da es keine Möglichkeit gibt, Feedbacks vom Kunden schon vor der Implementationsphase zu erhalten. Change Request während der Projektlaufzeit können nur schwer bis gar nicht gehandhabt werden und die Testphase findet erst nach der kompletten Entwicklung statt. [11]

4. Bewertung

Anzuraten ist das Wasserfallmodell für wenig risikobehaftete Projekte, die nach einheitlichem Ablauf durchzuführen sind und deren Anforderungen bereits zum Start des Projektes klar ersichtlich und überschaubar sind. Gerade bei Weiterentwicklungen oder Zusatzfeatures kann das Wasserfallmodell die beste Wahl sein. Generell gilt: Je kleiner und weniger komplex das Projekt zu Beginn erscheint, desto eher ist das Wassermodell ein geeigneter Modellkandidat.[12]

---

[11] Vgl. Hindel, Hörmann, Müller, Schmied (2004), S. 15

[12] Vgl. Buhl (2004), S. 14

IV. Agile Vorgehensmodelle

Agile Vorgehensmodelle haben vor allem im neuen Jahrtausend immer mehr an Bekanntheit gewonnen, nachdem 2001 das *Agile Manifest* formuliert wurde. Darin sind die gemeinsamen Werte beschlossen, die das Fundament des agilen Projektmanagements bilden.[13]

Bei näherer Betrachtung des Manifests, kristallisieren sich erste Merkmale heraus, die eine klare Distanzierung von klassischen Vorgehensmodellen herbeiführen. Zum einen rücken die Entwickler und die Kommunikation im Team in den Mittelpunkt aller Aktivitäten. Darüber hinaus ist funktionierende Software wichtiger als eine umfangreiche Dokumentation und das Reagieren auf Veränderungen, sowie die Zusammenarbeit mit dem Kunden haben eine höhere Priorität als das Aushandeln von Verträgen und die eigentliche Befolgung des zu Anfang festgelegten Planes.[14]

Zur Umsetzung dieser fundamentalen Merkmale kann Scrum dienen. Ein agiles Vorgehensmodell, welches von Ken Schwaber, Jeff Sutherland und Mike Beedle entwickelt wurde, die alle zu den insgesamt 17 Unterzeichnern des *Agilen Manifests* gehören.

A. Scrum

1. Grundlegendes

Scrum beschreibt ein Framework, das alle Aktivitäten im Projekt abdeckt und somit ein „Komplettpaket" für die Entwicklung ist. Der Begriff Scrum bedeutet übersetzt „Gedränge" und leitet sich aus einer Situation aus dem Rugbysport ab, in der sich beide Teams kreisförmig gegenüberstehen und den jeweiligen Gegner gemeinschaftlich versuchen vom Ballgewinn abzuhalten.[15] Das Rahmenwerk von Scrum besteht im Detail aus sechs Rollen, neun Artefakten und sechs Meetings.[16] Im Folgenden wird auf die minimale Scrum-Definition Be-

---

[13] Vgl. Gloger (2008), S.18
[14] Vgl. http://agilemanifesto.org/
[15] Vgl. Gloger (2008), S.10
[16] Vgl. Gloger (2008), S.14

zug genommen, die im Kern aus jeweils drei Rollen, drei Artefakten und drei Meetings besteht.[17] Diese werden nachfolgend erläutert.

2. Die Rollen

Die drei internen Rollen, die in Scrum von verschiedenen Mitarbeitern ausgefüllt werden sind klar voneinander getrennt, aber haben alle das gleiche Ziel. Darüber hinaus existieren noch drei externe Rollen, bestehend aus dem Kunden, dem Manager und dem Anwender.[18]

A. *Der Product Owner*

Der *Product Owner* ist eine der internen Rollen und das Lenkungsorgan der gesamten Produktentwicklung. Er priorisiert die einzelnen Product Backlogs und repräsentiert die Stakeholder.[19]

B. *Das Team*

Das *Team* ist eine weitere Rolle im Scrum-Framework. Es steuert sich selbst und ist für die Lieferung des Produkts zuständig. Gemessen wird die Produktivität des Teams an der Qualität des Produkts.[20]

C. *Der Scrum Master*

Die dritte Rolle füllt der *Scrum Master*, der als Hauptaufgabe den reibungslosen Ablauf des Scrum-Prozesses im Fokus hat. Er bewältigt aufkommende Incidents und schult alle beteiligten Personen, ihre Rolle in Scrum bestmöglich zu erfüllen. Trotz eines solchen Namens hat der Scrum Master keinerlei Weisungsbefugnis.[21]

---

[17] Vgl. Schwaber (2007)

[18] Vgl. Gloger (2008), S.14

[19] Vgl. Schwaber (2007), S.143

[20] Vgl. Schwaber (2007), S.144

[21] Vgl. Gloger (2008), S.14

3. Die Artefakte

Zu den Artefakten zählen Ergebnisse des Scrum-Prozesses. Neben den drei fundamentalen Artefakten Product Backlog, Sprint Backlog und Burndown Chart, existieren noch sechs weitere Ergänzende: Die Vision, die Aufgaben, das Sprint Goal, der Release Plan, das Impediment Backlog, das Produkt-Inkrement und das Selected Product Backlog.

A. Das Sprint Backlog

Das *Sprint Backlog* ist vergleichbar mit einer To-do-Liste, die täglich aktualisiert wird. Es bietet einen Überblick über alle Aufgaben und wie die Zuständigkeiten und Status sind.[22]

B. Das Product Backlog

Das *Product Backlog* ist ein weiteres Artefakt, welches aus einer Liste anzuliefernder Funktionen in Form von Projektanforderungen besteht. Die geforderten Funktionalitäten sind priorisiert und mit geschätzten Zeitangaben versehen.[23]

C. Das Burndown Chart

Das *Burndown Chart* ist ein Trenddiagramm, welches die noch ausstehende Arbeitsmenge im Verhältnis zu einer Zeitachse zeigt. Die Daten stammen aus dem Product Backlog und Sprint Backlog.[24]

4. Meetings

Die Meetings in Scrum werden auch als Zeremonien bezeichnet und umfassen in der Basis von Scrum das Sprint Planning, das Sprint Review und das Daily Scrum. Teils findet auch eine genauere Detaillierung in zwei Arten des Sprint Plannings, sowie eine zusätzliche Definition eines Estimation Meetings und einer Sprint-Retrospektive statt.

---

[22] Vgl. Gloger (2008), S.16-17
[23] Vgl. Gloger (2008), S.16-17
[24] Vgl. Schwaber (2007), S. 142

A. Das Sprint Planning

Das *Sprint Planning* wird einmal zu Beginn jeder Sprint Periode abgehalten und klärt, welche Product Backlog Items in der kommenden Periode abzuarbeiten sind und wie diese erreicht werden soll.[25]

B. Das Sprint Review

Das *Sprint Review* ist das Gegenstück zum Sprint Planning und wird am Ende der Sprint Periode abgehalten. Dabei wird überprüft, ob alle im Sprint geplanten Funktionalitäten entwickelt und komplettiert werden konnten.[26]

C. Das Daily Scrum

Täglich findet das sogenannte *Daily Scrum* statt. Es geht rund 15 Minuten und wird vom Scrum Master moderiert. Im Daily Scrum wird beschlossen, wer an dem Tag welche Aufgaben übernimmt.[27]

V. Bewertung

Die Projektorganisation ist der wichtigste Faktor, um die Kommunikation innerhalb eines Projektes zu gewähren, aber auch die größte Schwäche in einem Projekt. Die immer komplexeren Anforderungen an ein Projekt und die zunehmende Größe sind ein großes Problem für das Wasserfallmodell. Zwischen Spezifikation der Anforderungen und der eigentlichen Realisierung liegt ein zu großer Zeitraum. Nicht umsonst wird also beim Wasserfallmodell häufig die Schwerfälligkeit und Starrheit kritisiert.[28]

---

[25] Vgl. Gloger (2008), S.15-16
[26] Vgl. Gloger (2008), S.15-16
[27] Vgl. Gloger (2008), S.15-16
[28] Vgl. Dechko (2010)

Da in vielen Projekten eine stetige Entwicklung der Projektorganisation stattfindet und diese sich dadurch ständig verändert, ist es kein Wunder, dass immer mehr Arten von alternativen Projektorganisationen entstehen.[29] So auch Scrum, das als agiler Vertreter die starren Vorgänge des Wasserfallmodells gebrochen hat, um auf Veränderungen im Projekt schneller reagieren zu können.

Die zunehmende Komplexität der Projekte hat dazu geführt, dass zu Beginn des Projektes häufig nicht alle Anforderungen bis ins Detail geplant werden können.[30] Scrum ist für einen stetigen Veränderungsprozess gewappnet und entledigt sich der Unmengen an Dokumenten, der bürokratischen Atmosphäre und den starren aufeinanderfolgenden Prozessen, die das das Wasserfallmodell als unflexibles und veraltetes Modell auszeichnen.[31]

Scrum nimmt das Team in die Verantwortung und sorgt somit nicht nur für eine Produktivitätssteigerung, sondern entfacht auch eine besondere Art der Motivation. Die Daily Scrums führen zu einem bewussteren „Deadline-Denken" und Wünsche von Kunden lassen sich sehr gut in den laufenden Entwicklungsprozess integrieren.

Auf der anderen Seite ist der Aufwand, Scrum einzuführen sehr hoch und eine Änderung der Organisationsstruktur im Unternehmen, um die Mitarbeiter in Eigenverantwortung arbeiten zu lassen, schwer realisierbar. Hinzu kommt der zusätzliche Testaufwand.[32]

VI. Fazit

In der vorliegenden Arbeit sollte gezeigt werden, ob das Wasserfallmodell als veraltet abgetan werden kann und Scrum als neues „State of the Art"-Modell und Vertreter der agilen Methoden den klassischen Modellen den Rang abläuft.

---

[29] Vgl. F.Weltz, R. Ortmann (1992), S. 51

[30] Vgl. Gloger (2008), S.19

[31] Vgl. Kruchten (2001)

[32] Vgl. Pichler (2008)

Beide Modelle haben ihre Vor- und Nachteile und kommen in der Praxis noch immer häufig zum Einsatz. Je nachdem wie komplex und anspruchsvoll ein Projekt zu werden scheint, sollte die produktivste, schnellste und zuverlässigste Projektorganisationsform gewählt werden.

Zwar kann es vorkommen, dass zu Anfang eines Projekts das Wasserfallmodell aufgrund des Projektgenehmigungsprozesses der Organisation auf Scrum trifft (oder am Ende in der Testphase), jedoch kann eine agile Methode auf Dauer nicht neben einem sequentiellen Ablauf bestehen. Wichtig ist also sich langfristig für eine Vorgehensweise zu entscheiden.[33]

Dabei zeigt sich das Wasserfallmodell vor allem bei großen Projekten schnell überfordert, doch auch Scrum bietet keine Garantie, dass ein Projekt so reibungslos verläuft, wie erwartet.[34] Doch gerade dort, wo eine schnelle Reaktion auf Veränderungen überlebenswichtig sein kann, ist Scrum die bessere Wahl. [35]

Die zu Anfang gestellte Frage lässt sich trotzdem pauschal nicht beantworten. Agile Methoden haben sind zwar in jedem Fall flexibler, doch die sequentielle Entwicklung ist ein fundamentales Konzept heutiger Projektdurchführungen und nicht wegzudenken.

Als abschließende Faustformel gilt: Für kurze und weniger komplexe Projekte ist das Wasserfallmodell geeignet, für alle anderen Projekte gibt es deutlich solidere Alternativen.[36]

---

[33] Vgl. Cohn (2010), S.420-423

[34] Vgl. Schwaber (2007), S. 2

[35] Vgl. Buhl (2004), S. 14

[36] Vgl. Buhl (2004), S. 14

Quellenverzeichnis

Literaturquellen

Beiderwieden, Arndt, **Pürling**, Elvira (2007): *Projektmanagement für IT-Projekte*, 3. Auflage, Troisdorf, Bildungsverlag EINS

Buhl, Axel (2004): *Grundkurs Software-Projektmanagement*, Leipzig, Hanser Verlag

Gloger, Boris (2008): *Scrum: Produkte zuverlässig und schnell entwickeln*, Hanser Verlag

Hindel; Hörmann; Müller; Schmied (2004): *Basiswissen Software-Projektmanagement*, Heidelberg, dpunkt Verlag

Horn, Christian (2003): *Lehr- und Übungsbuch Informatik*, Leipzig, Hanser Verlag

Pichler, Roman (2008): *Scrum: Agiles Projektmanagement erfolgreich einsetzen*, dpunkt Verlag

Schwaber, Ken (2007): *Agiles Projektmanagement mit Scrum*, Microsoft Press

Weltz, Friedrich; **Ortmann**, Rolf (1992): *Das Software-Projekt – Projektmanagement in der Praxis*, Frankfurt/Main, Campus Verlag

Kohn, Mike (2010): *Agile Softwareentwicklung – Mit Scrum zum Erfolg*, Addison-Wesley-Verlag

Zeitschriftquellen

Dechko, Anton (2010): *Warum der Wasserfall unterschätzt wird*. Computerwoche, Nr. 36, S.28–29

Kruchten, Philippe (2001): *Was Sie in ein Projekt mit dem „Rational Unified Process" garantiert in den Sand setzen können*, ObjektSpektrum, Nr.4

Internetquellen

Das agile Manifest, http://agilemanifesto.org/, Zugriff am 04.08.2012

Kosche, Reiner (2006): *Software-Projekt,* http://www.informatik.uni-bremen.de/st/lehre/swp0607/planung-1x2.pdf, Zugriff am 04.08.2012

www.ingramcontent.com/pod-product-compliance
Lightning Source LLC
LaVergne TN
LVHW042128070326
832902LV00037B/1630